केवल जड़ें हैं

(कविताएँ)

AF659813

केवल जड़ें हैं

विनोद कुमार शुक्ल

हिन्द युग्म

ISBN: 978-81-19555-67-3

प्रकाशक :
हिंद युग्म
सी-31, सेक्टर-20, नोएडा (उ.प्र.)-201301
फ़ोन- +91-120-4374046

मुद्रक : थॉमसन प्रेस
आवरण-चित्र : मानव कौल
कला-निर्देशन : विजेन्द्र एस विज

पहला संस्करण : फ़रवरी 2025
तीसरा संस्करण : जनवरी 2026
मूल्य : ₹199

© विनोद कुमार शुक्ल

Kewal Jadein Hain
A collection of poems by *Vinod Kumar Shukla*

Published By
Hind Yugm
C-31, Sector-20, Noida (UP)-201301
Phone- +91-120-4374046
Email- sampadak@hindyugm.com
Website- www.hindyugm.com

First Edition: Feb 2025
Third Edition: Jan 2026
Price: ₹199

समर्पित

देर सबेर

जड़ें हैं, सन् साठ के आस-पास की ये कविताएँ। उन दिनों की पत्र-पत्रिकाओं में शायद कुछ प्रकाशित हुई थीं। फिर समय के साथ बहुत गहराई में कहीं चली गईं। छह दशक से ज़्यादा गुज़र गए। उपरांत के पहले की ये कभी की कविताएँ हैं। अब पहली बार ये किसी संग्रह का हिस्सा बन रही हैं। इसमें अपनी हस्तलिपि को कविताओं में सहेज रहा हूँ।

विनोद कुमार शुक्ल

क्रम

लिखने के बाद

लिखने के बाद
दवात में स्याही बची रही
इसलिए उठाकर पीनी पड़ी
फिर खाली दावात के
नीले गह्वर में घुसकर
मगन हूँ
कि बाहर की सारी प्रताड़ना और तमाम
कलम की नोक बनकर चुभे
और मैं कविकर्म निबाह सकूँ।

—

३.८.१९८०

लिखने के बाद

लिखने के बाद
दवात में स्याही बची रही
इसलिए उठाकर पीनी पड़ी
फिर ख़ाली दवात के
नीले गहर में घुसकर
मगन हूँ
कि बाहर की सारी प्रताड़ना और रोमांस
क़लम की निब बनकर मुझमें चुभे
और मैं कवि-कर्म निबाह सकूँ।

3.6.1960

एक प्रणय कविता लिखने के उपरांत

एक प्रणय कविता लिखने के उपरांत
मन में उठे हुए भाव
बनाया हवादार मकान
उस मकान में जहाँ मैं मर गया था,
और खुली आँखों से देखता हूँ
खिड़कियों की राह
आहाते में (जिसके नीचे मेरा मसान दबा हुआ है)
मेरी खाद से उगी
मेंहदी
और उसकी उड़ी-उड़ी लाल खुशबू
खुलकर जीने के लिए
तबियत होती है
एक बार और मरा जाये।

—

२९·६·१९६०

एक प्रणय कविता लिखने के उपरांत

एक प्रणय कविता लिखने के उपरांत
मन में उठे हुए भाव—
बनाया हवादार मकान
उस मसान में जहाँ मैं मर गया था
और खुली आँखों से देखता हूँ
खिड़कियों की राह
अहाते में (जिसके नीचे मेरा मसान दबा हुआ है)
मेरी खाद से उगी
मेहँदी
और उसकी उड़ी-उड़ी लाल ख़ुशबू
खुलकर जीने के लिए
तबियत होती है
एक बार और मरा जाए।

29.6.1960

टपकती छत के नीचे

टपकती छत के नीचे
घर के सभी बर्तन
लोटा, गिलास, थाली-
गृहस्थी की उघाड़ता
फैलाये देखता हूँ
कि बारिश के अंधेरे मौसम की नमी पाकर
दीवालों पर, किताबों की आलमारी में
रसोई घर के अंदर चूल्हे में
बर्तनों में
उगने लगी हैं हरी-पीली घास की कोंपलें
फिर देखा उसमें छुपी हुई काली नागिन
दुबली पतली रेंगती है
और कोने-कोने दुबके हम
अपनी इस भयानक दरिद्रता से
दुःखी कम डरे ज्यादा हैं

—

३.६.१९८०

टपकती छत के नीचे

टपकती छत के नीचे
घर के सभी बर्तन
लोटा, गिलास, थाली—
गृहस्थी की नुमाइश
फैलाए देखता हूँ
कि बारिश के अँधेरे मौसम की नमी पाकर
दीवालों पर
किताबों की अलमारी में
रसोईघर के बंजर चूल्हे में
बर्तनों में
उगने लगी हैं हरी-पीली घास की कोपलें
फिर देखा उसमें छुपी हुई काली नागिन
दुबली-पतली रेंगती है
और कोने-कोने दुबके हम
अपनी इस भयानक दरिद्रता से
दुःखी कम डरे ज़्यादा हैं

3.7.1960

मैं अपने घर में तटस्थ

मैं अपने घर में तटस्थ
मेरी दृष्टि बरसाती कोट ओढ़कर
देखती है संघर्ष की बाढ़
चारों तरफ-
कीचड़ में ध्वस्त सड़क,
टूटते वृक्ष
भींगते हुए खड़े घर।

इन सबसे कितना अच्छा है
आँखों का उखड़ा जाना
मेरा टूटना
और दृष्टि का भींग जाना।

—

८.५.१९६०

मैं अपने घर में तटस्थ

मैं अपने घर में तटस्थ
मेरी दृष्टि बरसाती कोट ओढ़कर
देखती है संघर्ष की बाढ़
चारों तरफ़—
कीचड़ में व्यस्त सड़क
टूटते वृक्ष
भीगते हुए खड़े घर।

इन सबसे कितना ओछा है
आँखों का डबडबा जाना
मेरा टूटना
और दृष्टि का भीग जाना।

8.5.1960

देखता हूं

देखता हूं औरतों की भी मूंछें
हर जगह और हर प्रकार की मूंछें
कि हाथ मूंछें
पैर मूंछें
सीना मूंछें
केवल मूंछें
और फिर भन्ना के
देखता हूं जगह-जगह मुंह-चोटियां उनमें
बंधे फीते रंग-बिरंगे।

—

१९.६
१९८०

देखता हूँ

देखता हूँ औरतों की भी मूँछें
हर जगह और हर प्रकार की मूँछें
कि हाथ मूँछें
पैर मूँछें
सीना मूँछें
केवल मूँछें
और फिर मज़ा ये
देखता हूँ जगह-जगह गुँथी चोटियाँ उनमें
बँधे फ़ीते रंग-बिरंगे।

1960

धोती उसकी खिंचकर
आ गई है पेट तक
और पेट उठकर
ऊँचा पुष्ट सीना हो गया है।
तुम्हें मैं
लेकिन वेश्या नहीं कहूँगा।

—

१९६०

छाती खिंचकर

छाती उसकी खिंचकर
आ गई है पेट तक
और पेट उठकर
ऊँचा पुष्ट सीना हो गया है।

तुम्हें मैं
लेकिन वेश्या नहीं कहूँगा।

1960

मुझे गुलदस्ते पर लगा

मुझे गुलदस्ते पर लगा
कलियों पर भरोसा नहीं
और गमले पर लगा
संपूर्ण बरगद पर भी नहीं
और न उसकी जड़ों की
गहराई पर है।
मैं तो उगाता जा रहा हूँ
अपना सूखा हड्डियों की
पठारी धरती पर
प्राकृतिक जंगली फूल
यह जानकर केवल
कि बाकी यह सब
छुटपुट छाया पाई है
पहले काँट-छाँट सुरत-उरत के
जीवन के संघर्ष
तो कुछ और ही है।

—

१०.६.१९९०

मुझे गुलदस्ते पर लगे

मुझे गुलदस्ते पर लगे
बग़ीचे का भरोसा नहीं
और गमले पर लगे
संपूर्ण बरगद पर भी नहीं
और न उसकी जड़ों की
गहराई पर है।

मैं तो उगाता जा रहा हूँ
अपनी शुष्क हड्डियों की
चट्टानी छाती पर
प्राकृतिक जंगली फूल
यह जानकर केवल
कि बाक़ी वह सब
छुटपुट हाथापाई है
महज़ काँट-छाँट सुख-दुःख के
जीवन के संघर्ष
तो कुछ और ही हैं।

10.7.1960

समाज जब उँगलियाँ उठाता है

समाज जब उँगलियाँ उठाता है
तो लगता है कोई पत्थर उठा लेगा
पर हाय! उसकी छत पर छितरी
बारहमासी कुम्हड़े की इकलौती कली
उँगली दीवाल से फूट गई
तब एक और अफ़सोस कि वह तो ठेंगा है -
एक हाथ में दो उँगलियाँ
(अब उन उँगलियों से क्या होगा)।।

—

४.८.१९९०

समाज जब उँगलियाँ उठाता है

समाज जब उँगलियाँ उठाता है
तो लगता है गोवर्धन उठा लेगा
पर हाय! उसकी छत पर छितरी
बारहमासी कुम्हड़े की इकलौती कली
उँगली दिखाने से मुरझा गई
तब एक और अफ़सोस कि वह तो छंगा है—
एक हाथ में छह उँगलियाँ
(अब इन उँगलियों से क्या होगा)!

4.8.1960

वासना

टूटा हुआ कंटीला अहाता
और अहाते के बाहर
निकला हुआ संपूर्ण बगीचा
अस्त-व्यस्त झाड़ियों में
खिले हुए लाल-लाल फूल-
मुझे याद आता है तुम्हारा
वह वहशी
जंगली रूप।

—

४.८.१९६०

वासना

टूटा हुआ कँटीला अहाता
और अहाते के बाहर
निकला हुआ संपूर्ण बग़ीचा—
अस्त-व्यस्त झाड़ियों में
खिले हुए लाल-लाल फूल—
मुझे याद आता है तुम्हारा
वह वहशी
जंगली रूप।

4.8.1960

उठे हुए मरीज के हाथों में

उठे हुए मरीज के हाथों में
दवा की खाली शीशी।
शीशी की दीवाल पर
चिपक कर रह गई
कड़वी दवा की एक छोटी बूँद-
शायद वह मैं हूँ
कुछ अस्पताली उंगलियों में
बिलकुल बाहर
लेकिन मरीज नहीं हूँ।

—

८.८.१९८०

ऊबे हुए मरीज़ के हाथों में

ऊबे हुए मरीज़ के हाथों में
दवा की ख़ाली शीशी।

शीशी की दीवाल पर
चिपककर रह गई
कड़वी दवा की एक छोटी बूँद—
शायद वह मैं हूँ
इस अस्पताली दुनिया में
बिल्कुल बेकार
लेकिन मरीज़ नहीं हूँ।

8.8.1960

अस्पताल के क्षण

अस्पताल के क्षण हैं घर में-
दीवाल की छाती पर लगे
फेफड़े के चित्र देखता हूँ
पर उसमें साँस तो नहीं देखता
दीवालें मुर्दा
और मैं जीवित!
बिस्तर पर पड़ा हूँ
दीवालें खड़ी हैं।

-

२१.८.६०

अस्पताल के क्षण

अस्पताल के क्षण हैं घर में
दीवाल की छाती पर लगे
फेफड़े के चित्र देखता हूँ
पर उसमें साँस तो नहीं देखता
दीवालें मुर्दा
और मैं जीवित!
बिस्तर पर पड़ा हूँ
दीवालें खड़ी हैं।

21.8.60

दो पैर हैं

दो पैर हैं
अलग-अलग उठते हैं
लेकिन साथ चलते तो हैं।
दूसरे पैरों का अलग-अलग उठना
खलता नहीं
मैं खुश हूं।
मेरा संयुक्त परिवार है।

—

25.8.1960

दो पैर हैं

दो पैर हैं
अलग-अलग उठते हैं
लेकिन आगे बढ़ते तो हैं।

मुझे पैरों का अलग-अलग उठना
खलता नहीं

मैं ख़ुश हूँ।
मेरा संयुक्त परिवार है।

25.8.1960

तुम्हारी याद

पिया है आज होटल में
पानी का गिलास पूरा।

तुम्हारी याद
हमारे खाते में है
कि मेरी जेब
भविष्य तक खाली है।

— १९५९-६०

तुम्हारी याद

पिया है आज होटल में
पानी का गिलास मुफ़्त

तुम्हारी याद
उधारी खाते में है
कि मेरी जेब
भविष्य तक ख़ाली है।

1959-60

घर से दूर

घर से दूर
समुद्र के किनारे
टहलता हूँ बस
(कोई डूबने आये तो उसे बचा लूँ।)

सबसे पहले मिला
मेरा ग्रेजुएट छोटा भाई
फिर जवान कुँआरी बहिन
फिर कमजोर माँ
बूढ़ा बाप
लेकिन ये समुद्र तो बहुत बड़ा है
मैं क्या करूँ
फिर भी बेकार हूँ।

—

२६. ८. १९८०

घर से दूर

घर से दूर
समुद्र के किनारे
टहलता हूँ बस
(कोई डूबने आए तो उसे बचा लूँ)

सबसे पहले मिला
मेरा ग्रेजुएट छोटा भाई
फिर जवान कुँआरी बहिन
फिर कमजोर माँ
बूढ़ा बाप।

लेकिन ये समुद्र तो बहुत बड़ा है
मैं क्या करूँ
फिर भी बेकार हूँ।

27.8.1960

हमारी गृहस्थी

हमारी गृहस्थी एक इन्डोर पेंटिंग
जिसमें जंगलों, पहाड़, नदियों के
बनावटी दृश्य हैं।
केवल सच्चे हैं चूल्हा और
गिनती के ये बर्तन, गिलास थाली।

६.८.१९९०

हमारी गृहस्थी

हमारी गृहस्थी एक इंडोर शूटिंग
जिसमें बग़ीचे, पहाड़, नदियों के
बनावटी दृश्य टँगे हैं
केवल सच्चे हैं—
गिनती के ये लोटे, गिलास, थाली
और चूल्हा।

7.9.1960

रातों में

तारे रह-रहकर चौंकते हैं -
काली करतूतों का मंडल
खिलखिलाता है।

२२.९.१९६०

रातों में

तारे रह-रहकर चौंकते हैं—

काली करतूतों का मेडल
झिलमिलाता है।

22.9.1960

एक तो यह फैला हुआ अंधेरा

एक तो यह फैला हुआ अंधेरा-
और सबके दुःख का बोझ
मेरी पलकों में।
इसलिए मेरी पलकें बोझिल हैं।
मैं थका हूँ और अपनी आँखें बंद कर रहा हूँ
अनचाहे तुम सबसे
पर तभी उम्मीद में फिर
जो हस्तगत हो जाता है,
उसे देखकर देखता हूँ
तो दिखता है
धुंधला प्रकाश।

—

१९८०

एक तो यह फैला हुआ अँधेरा

एक तो यह फैला हुआ अँधेरा
और सबके दुःख का बोझ
मेरी पलकों में।

इसलिए मेरी पलकें बोझिल हैं।

मैं थका हूँ और अपनी आँखें बंद कर रहा हूँ
अनचाहे तुम सबसे
पर तभी उम्मीद में फिर
जो दृष्टिगत हो जाता है
उसे देखकर देखता हूँ
तो दिखता है
धुँधला प्रकाश।

1960

हम अब कुछ देर

हम अब कुछ देर चुप रहें
और सुनें हम क्या नहीं कहते
आँखें भी बंद कर लें
और देखें हम क्या नहीं देखते
क्या हम कुछ देख और सुन सकेंगे!

—

२०.८.१९६०

हम अब कुछ देर

हम अब कुछ देर चुप रहें
और सुने हम क्या नहीं कहते
आँखें भी बंद कर लें
और देखें हम क्या नहीं देखते

क्या हम कुछ देख और सुन सकेंगे!

20.9.1960

वृक्ष की नंगी टहनियों में

वृक्ष की नंगी टहनियों में
मैंने अपनी दो सूनी आँखें
खोंस दी हैं
और फुनगी पर दो सूखी आँखें
चाहता हूँ
कि जब पानी आये
तो मेरी आँखें भिंगो दे
फिर कोई चिड़िया
मेरी बाँहों की हरियाली में
घोंसला बनावे
अंडे दे।

—

६.३.१९६०

वृक्ष की नंगी टहनियों में

वृक्ष की नंगी टहनियों में
मैंने अपनी दो सुन्न बाँहें
खोंस दी हैं
और फुनगी पर दो सूखी आँखें
चाहता हूँ
कि जब पानी आए
तो मेरी आँखें भिगो दे
फिर कोई चिड़िया
मेरी बाँहों की हरियाली में
घोंसले बनाए
अंडे दे।

6.3.1960

जूड़े का फूल

जूड़े का फूल
मुरझाया सा है।
अंधेरे का टूटा हुआ
अकेला तारा
बेचारा
जो घुमड़े-घुमड़े
बादल के जालों में
फँस गया है।

—

१२.२.१९६०

जूड़े का फूल

जूड़े का फूल
मुरझाया-सा है।

अँधेरे का टूटा हुआ
अकेला तारा
बेचारा
जो घुमड़े-घुमड़े
बादल के जालों में
फँस गया है

12.2.1960

कोई भटककर

कोई भटक कर
आई किरण।
मेरे चारों के अंधेरे को
छेदने का प्रयत्न करे
तो मैं यह नहीं चाहता
मैं तो चाहता हूँ
कि मेरा अंधेरा
किरणों को भटकने न दे।

—

१९६०

कोई भटककर

कोई भटककर
आई किरण
मेरे चारों ओर के अँधेरे को
छेदने का प्रयत्न करे
तो मैं यह नहीं चाहता
मैं तो चाहता हूँ
कि मेरा अँधेरा
किरणों को भटकने न दे।

1960

हर छुरी की आड़ में

हर छुरी की आड़ में
एक-एक रंगीन सूरज
(सुबह के नहीं
शाम के)।

—

२०.५.१९६०

हर झुर्री की आड़ में

हर झुर्री की आड़ में
एक-एक रंगीन सूरज
(सुबह के नहीं
शाम के)।

20.5.1960

ठीक ही तो है

ठीक ही तो है
कि धड़कनें पिछली
हथौड़े की चोट रहीं
और मुझ जीवित
संदूक के कुंदे टूट गये
अब कुछ सहजता से
रखना निकालना हो सकेगा
ताला लगाने की आदत
पहले भी नहीं था।

—

१९६०

ठीक ही तो है

ठीक ही तो है
कि धड़कनें पिछली
हथौड़े की चोट रहीं
और मुझ जीवित
संदूक़ के कुंदे टूट गए
अब कुछ सहजता से
रखना निकालना हो सकेगा
ताला लगाने की आदत
पहले भी नहीं थी।

1960

मेरे ऊपर एक

मेरे ऊपर एक
ऊँचा बरगद का पेड़
और बरगद के तने पर
खिला हुआ एक नन्हा
आम का हरा पौधा
न जाने कैसे उगा!
मैं बरगद की फैली छाया में
ढूँढ रहा हूँ एक और छोटी सी छाया
उस नन्हें आम के हरे पौधे की।
यह बरगद मुझमें पैठ हो गया है
पर हाय! वह आम का
खिला हुआ हरा पौधा
न जाने क्यों मुझमें पैठ नहीं हो पाता।

—

२५.१०.९०

मेरे ऊपर एक

मेरे ऊपर एक
ऊँचा बरगद का पेड़
और बरगद के तने पर
खिला हुआ एक नन्हा
आम का हरा पौधा
न जाने कैसे उगा!
मैं इस बरगद की फैली छाया में
ढूँढ़ रहा हूँ एक और छोटी-सी छाया
उस नन्हे आम के हरे पौधे की।

यह बरगद मुझमें पेंट हो गया है
पर हाय! वह आम का
खिला हुआ हरा पौधा
न जाने क्यों मुझमें पेंट नहीं हो पाता।

25.10.60

बहुत कुछ देखना बाकी है

बहुत कुछ देखना बाकी है
इसलिए मैं नींद से ऊपर तक
आँख हो गया हूँ
इस दिमाग से आँख हूँ
काम से आँख हूँ

बहुत कुछ देखना बाकी है
इसलिए इनमें कहीं से भी
और किसी से भी
आँसू नहीं हूँ।

—

१६·११·१९६०

बहुत कुछ देखना बाक़ी है

बहुत कुछ देखना बाक़ी है
इसलिए मैं नीचे से ऊपर तक
आँख हो गया हूँ
इस दिमाग़ से आँख हूँ
काम से आँख हूँ।

बहुत कुछ देखना बाक़ी है
इसलिए इनमें कहीं से भी
और किसी से भी
आँसू नहीं हूँ।

16.11.1960

आत्महत्या के क्षणों में

आत्महत्या के क्षणों में
मैं जेलर हूँ
और ये प्राण
निरपराध भुगत रहे हैं
आजन्म कारावास
मुझमें।
तो मैं जेलर क्यों हूँ।

—

११.११.१९६०

आत्महत्या के क्षणों में

आत्महत्या के क्षणों में
मैं जेलर हूँ
और ये मेरे प्राण
निरपराध भुगत रहे हैं
आजन्म कारावास
मुझमें।

तो मैं जेलर क्यों हूँ!

11.11.1960

एक दूसरे का हाथ पकड़े हुए

एक दूसरे का हाथ पकड़े हुए
लंबी कतार कमरों की है
कतार ही के पीछे एक और कतार
फिर उसके पीछे और भी कतार है
गोया मार्च करने के लिए
एक पूरी फौज तैयार खड़ी है
तो ये मजदूरों के ही क्वार्टर हैं
पर मजदूरों के क्वार्टर
इतने अच्छे होते कहाँ हैं
ये तो सभी अफसरों के क्वार्टर हैं।

—

२३.१०.१९६०

एक दूसरे का हाथ पकड़े हुए

एक दूसरे का हाथ पकड़े हुए
लंबी क़तार कमरों की है
क़तार के पीछे एक और क़तार
फिर उसके पीछे और भी क़तार हैं
गोया मार्च करने के लिए
एक पूरी फ़ौज तैयार खड़ी है
तो ये मज़दूरों के ही क्वार्टर हैं
पर मज़दूरों के क्वार्टर
इतने अच्छे होते कहाँ हैं!

ये तो सभी अफ़सरों के क्वार्टर हैं।

23.10.1960

औरत और आदमी

औरत और आदमी
इन दोनों की सम्मिलित नग्नता को
एक साथ ढाँकने के लिए
बाजार का सिर्फ
एक लेटेस्ट सूट ही काफी है—
कि साड़ी की कमर में
लिपटा सिला हुआ कोट का हाथ
और कोट की छाती में
बुरी तरह टँका हुआ
एक रेशमी ब्लाउज..।
—

१३.११.१९६०

औरत और आदमी

औरत और आदमी
इन दोनों की सम्मिलित नग्नता को
एक साथ ढाँकने के लिए
बाज़ार का सिर्फ़
एक लेटेस्ट सूट ही काफ़ी है
कि साड़ी की कमर में
लिपटा सिला हुआ कोट का हाथ
और कोट की छाती में
बुरी तरह टँका हुआ
एक रेशमी ब्लाउज़...

13.11.1960

ये अबला हैं

ये अबला हैं और दूसरों पर आश्रित भी
इसलिए नहीं कि ये साड़ियाँ पहनती हैं
इसलिए कि इनकी साड़ियों में जेब नहीं होते
जो कमीज, कोट और पतलूनों में होते हैं
ये आश्रित और अबला न हों
इसलिए देख तो रहा हूँ
इनकी साड़ियों में जेब ही जेब
पर अफसोस !!
इनकी जेबों को ~~लीपीस्टिक~~ लिपिस्टिक, पावडर और
आइनों से भरे देखा
काश! ये अबला न होतीं।

—

१०.११.१९८०

ये अबला हैं

ये अबला हैं और दूसरों पर आश्रित भी
इसलिए नहीं कि ये साड़ियाँ पहनती हैं
इसलिए कि इनकी साड़ियों में जेब नहीं होते
जो क़मीज़, कोट और पतलूनों में होते हैं
ये आश्रित और अबला न हों
इसलिए देख तो रहा हूँ
इनकी साड़ियों में जेब ही जेब
पर अफसोस!
इनकी जेबों को लिपिस्टक, पाउडर और
आईनों से भरे देखा
काश ये अबला न होतीं।

10.11.1960

खिड़कियाँ भी बंद और दरवाजे भी

खिड़कियाँ भी बंद और दरवाजे भी
मुझसे घिरी हुई
दीवालें पक्की।
तो फिर इस बंद कमरे में
यह एक सूखी पत्ती कैसे गिरी
एक के बाद दूसरी
दूसरे के बाद तीसरी
फिर लगातार झड़ती हुई सूखी पत्तियाँ
दीवालों से, छत से झड़तीं
यह पतझड़ मेरे कमरे में घुस आया।
मुझसे ही झड़ती सूखी पत्तियाँ।
तभी कमरे के बीचों-बीच
एक ठूँठ नजर आया
मेरी ऊँचाई का
मैं।

१·१·१९६१

खिड़कियाँ भी बंद और दरवाज़े भी

खिड़कियाँ भी बंद और दरवाज़े भी
मुझे घेरी हुईं
दीवालें पक्की।

तो फिर इस बंद कमरे में
यह एक सूखी पत्ती कैसे गिरी
एक के बाद दूसरी
दूसरे के बाद तीसरी
फिर लगातार झड़ती हुई सूखी पत्तियाँ—
दीवालों से
छत से झड़तीं
यह पतझड़ मेरे कमरे में घुस आया!

मुझसे ही झड़तीं सूखी पत्तियाँ।

तभी कमरे के बीचोबीच
एक ठूँठ नज़र आया
मेरी ऊँचाई का
मैं।

1.1.1961

मुझमें जो कुछ है

मुझमें जो कुछ है
वह केवल जड़ है
जड़ों से भी निकलती हुई जड़ें हैं
और उनसे भी निकलती जड़ें ही हैं
मुझे पतझड़ बिलकुल ही पसंद नहीं।

—

२६.१.१९६१

मुझमें जो कुछ है

मुझमें जो कुछ है
वह केवल जड़ है
जड़ों से भी निकलती हुई जड़ें हैं
और उनसे भी निकलती जड़ें ही हैं

मुझे पतझड़ बिल्कुल ही पसंद नहीं।

26.1.1961

चारों तरफ मैं देखता हूं

चारों तरफ मैं देखता हूं
कि सिहरन सी है
एक ठंडी लहर चलती है
और सभी कांपते हैं
पर मुझमें जैसे आग है
मैं जलता हूं
महज इसलिए कि दूसरे मुझे तापें
अपने को गरम रखें
तन को उघार कर चलें
और कभी ठंडी लहरों के थपेड़ों से
मैं बुझने लगूँ
तो मुझे आग दें, ताप दें
जो सिहरी लहर चलती है
वह भी न सिहरे, न कांपे
गरम हो जाये
और दूसरों को गरम करती रहे।

—

११.१२.१९५९

चारों तरफ़ मैं देखता हूँ

चारों तरफ़ मैं देखता हूँ
कि सिहरन-सी है
एक ठंडी लहर चलती है
और सभी काँपते हैं
पर मुझमें जैसे आग है
मैं जलता हूँ
महज़ इसलिए कि दूसरे मुझे तापें
अपने को गरम रखें
तन को उघारकर चलें
और कभी ठंडी लहरों के थपेड़ों से
मैं बुझने लगूँ
तो मुझे आग दें
ताप दें
जो सिहरी लहर चलती है
वह भी न सिहरे
न काँपे
गरम हो जाए
और दूसरों को गरम करती रहे।

11.12.1959

मेरे पास लोहे का एक खाली पिंजड़ा है

मेरे पास लोहे का एक खाली पिंजड़ा है
पुराना और जंग लगा
उस खाली पिंजड़े में
मेरी जेब का खालीपन ही पालतू है
काश! मेरी जेब का खालीपन
बुलबुल या तोता होता
या कोई मैना होती
तो मैं उसे रटा पाता
दूध, रोटी
इस तरह बेकार तो नहीं रहता।

—

दिसंबर १९६०

मेरे पास लोहे का एक ख़ाली पिंजड़ा है

मेरे पास लोहे का एक ख़ाली पिंजड़ा है
पुराना और ज़ंग लगा
उस ख़ाली पिंजड़े में
मेरी जेब का ख़ालीपन ही शायद पालतू है
काश! मेरी जेब का ख़ालीपन
बुलबुल या तोता होता
या कोई मैना होती
तो मैं उसे रटा पाता
दूध-रोटी
इस तरह बेकार तो नहीं रहता।

दिसंबर 1960

उतनी ठंड काँप रहा हूँ

उतनी ठंड काँप रहा हूँ
अभी मेरे सामने एक विचार
नया गरम कोट पहिनकर आया
पर आते ही अपने हाथों से
अपना गला घोंट कर दम तोड़ दिया

मैंने देखा उसके हाथों में हैं
पुराने और फटे हुए ऊनी दस्ताने
जिसके बाहर निकली हुई
उसकी उँगलियाँ ठिठुर गई हैं
वह मेरा दस्ताना है।

—

१०.१.१९६१

उघरी ठंड काँप रहा हूँ

उघरी ठंड काँप रहा हूँ
तभी मेरे सामने एक विचार
नया गरम कोट पहिनकर आया
पर आते ही अपने हाथों से
अपना गला घोंटकर दम तोड़ दिया

मैंने देखा उसके हाथों में है
पुराने और फटे हुए ऊनी दस्ताने
जिसके बाहर निकली हुई
उसकी उँगलियाँ ठिठुर गई हैं
वह मेरा दस्ताना है।

10.1.1961

यही छोटा सा मेरा कमरा

यही छोटा सा ~~मेरा~~ कमरा मेरा है
यह थकी हुई कुर्सी है
यह रात भर की जागती चारपाई
और यह परेशान
चहलकदमी करता हुआ फर्श
कोने तक चला गया है
मैं इस छोटे से कमरे में
महान फिलासफर की हैसियत से नहीं
एक किरायेदार की हैसियत से रहता हूँ।

—

२१.१.१९६१

यही छोटा-सा कमरा

यही छोटा-सा कमरा मेरा है
यह थकी हुई कुर्सी है
यह रात भर की जागी चारपाई
और यह परेशान
चहलक़दमी करता हुआ फ़र्श
कोने तक चला गया है
मैं इस छोटे से कमरे में
महज़ फ़िलासफ़र की हैसियत से नहीं
एक किराएदार की हैसियत से रहता हूँ।

21.1.1961

सुबह और शाम

सुबह और शाम
यदि तो गुज़रा कहीं
एक सी रंगीन तबीयत भी
मेरे पड़ोस में रहती भी है
तो भी मुझे इससे क्या
मैं बाल-बच्चे वाला आदमी
दिनभर दफ़्तरों में रहता हूँ
और रात दिन काम करता हूँ।

—

२५.१.१९८१

सुबह और शाम

सुबह और शाम
यदि दो जुड़वाँ बहनें
एक-सी रंगीन तबियत की
मेरे पड़ोस में रहती भी हैं
तो भी मुझे इससे क्या
मैं बाल-बच्चे वाला आदमी
दिन-भर के मुहल्ले में रहता हूँ
और रात-दिन काम करता हूँ।

25.1.1961

यह एक सा धुँधलापन

यह एक सा धुँधलापन
कितना भद्दा है
यदि उजाला ही बढ़े
तो इतना बढ़ जाये
कि मैं देख सकूँ
चुप आँखें बातें
नहीं तो अँधेरा ही इतना बढ़ जाये
कि मैं जान पाऊँ
मुझमें पड़ी हुई
कहीं एक उजली किरण

—

२६.८.१९६१

यह एक-सा धुँधलापन

यह एक-सा धुँधलापन
कितना भद्दा है
यदि उजाला ही बढ़े
तो इतना बढ़ जाए
कि मैं देख सकूँ
छुपे अँधेरे कोने
नहीं तो अँधेरा ही इतना बढ़ जाए
कि मैं जान पाऊँ
मुझमें पड़ी हुई
कहीं एक उजली किरण।

26.9.1961

किसानों का घर

दरवाजों का चौखट
बिल्कुल नीचा है
(लेकिन)
सिर बचाने के लिए
कमर ही झुक गई।

—

२६.९.१९६१

किराए का घर

दरवाज़े का चौखट
बिल्कुल नीचा है
(लेकिन)
सिर बचाने के लिए
कमर ही झुक गई।

26.9.1961

मेरे दिन

मेरे दिन, दिनभर सुबह रहती है
मेरी रात, सुबह-सुबह के वक्त
चाँद तारे भी दिखाई देते हैं।
केवल सुबह को जीता
जीता हूँ।

—

१९६०

मेरे दिन

मेरे दिन
दिन-भर सुबह रहती है
मेरी रात
सुबह-सुबह के वक़्त
चाँद-तारे भी दिखाई देते हैं।

केवल सुबह की ज़िंदगी
जीता हूँ।

1960

हमारा व्यक्तित्व

हमारा व्यक्तित्व
बढ़ते-बढ़ते कुछ इस तरह बढ़ा
कि एक खूब पोले ढोल के
पेट के अंदर समाया तो
बस दो हाथ ही बाहर रह गये
ताकि वह ढोल
जोर से पीटा जा सके।

—

१९६०

हमारा व्यक्तित्व

हमारा व्यक्तित्व
बढ़ते-बढ़ते कुछ इस तरह बढ़ा
कि एक ख़ूब पोले ढोल के
पेट के अंदर समाया तो
बस दो हाथ ही बाहर रह गए
ताकि वह ढोल
ज़ोर से पीटा जा सके।

1960

एक दरवाजा एक पेड़ से बना है

एक दरवाजा एक पेड़ से बना है
कुछ इस तरह होता
कि दरवाजा हरा-भरा पेड़ होता
या पेड़ ही यूँ होता
कि दरवाजे में हरी पत्तियाँ होतीं
दरवाजा खुला होता
एक चिड़िया उड़ती होती
जंगल होता

पर सब तो कुछ न हुआ
केवल दरवाजा हुआ
हुआ तो बंद दरवाजा हुआ।

—

२३·८·१९९१

एक दरवाज़ा एक पेड़ से बना है

एक दरवाज़ा एक पेड़ से बना है
कुछ इस तरह होता
कि दरवाज़ा हरा-भरा पेड़ होता
या पेड़ ही यूँ होता
कि दरवाज़े में हरी पत्तियाँ होतीं
दरवाज़ा खुला होता
एक चिड़िया उड़ती होती
जंगल होता

यह सब तो कुछ न हुआ
केवल दरवाज़ा हुआ
हुआ तो बंद दरवाज़ा हुआ।

23.9.1961

फूल पर तितली

फूल पर तितली
कुछ इस तरह बैठी
कि फूल दिखा नहीं
लगा पौधे में
एक रंगीन तितली खिली हुई है।

—

१९६१

फूल पर तितली

फूल पर तितली
कुछ इस तरह बैठी
कि फूल दिखा नहीं
लगा पौधे में
एक रंगीन तितली खिली हुई है।

1961

सुनहरा

सुनहरा चाँद
सुनहरे तारे
सुनहरी चाँदनी
और मन में सैकड़ों कलियाँ सुनहरी
खामोश झिलमिलाती हैं।
तुम्हें देखने के बाद
मेरा देखना पारस।

—

सितंबर १९६२

सुनहरा

सुनहरा चाँद
सुनहरे तारे
सुनहरी चाँदनी
और मन में सैकड़ों बिजलियाँ सुनहरी
ख़ामोश झिलमिलाती हैं।

तुम्हें देखने के बाद
मेरा देखना पारस।

सितंबर 1962

तुम्हें मेरे स्पर्श की लालसा है

तुम्हें मेरे स्पर्श की लालसा है
लेकिन मेरे स्पर्श के आभास मात्र से
तुम यूँ सिमट जाती हो
कि तुम्हारा जो कुछ भी फूल है
सिमटकर कली हो जाये
ताकि तुम्हें छूकर मैं
फिर से एक फूल की तरह खिला दूं।

—

अक्टूबर १९६२

तुम्हें मेरे स्पर्श की लालसा है

तुम्हें मेरे स्पर्श की लालसा है
लेकिन मेरे स्पर्श के आभास मात्र से
तुम यूँ सिमट जाती हो
कि तुम्हारा जो कुछ भी फूल है
सिमटकर कली हो जाए
ताकि तुम्हें छूकर मैं
फिर से एक फूल की तरह खिला दूँ।

अक्टूबर 1962

दो झगड़ती हुई चिड़िया

दो झगड़ती हुई चिड़िया
आ गिरीं ऊपर मेरे सिर पर
और तभी होकर अलग
एक पेड़ पर जा बैठीं तो
मैंने देखा
पेड़ पर खिले हुए सफ़ेद फूल

—

१४.९.१९६०

दो झगड़ती हुई चिड़िया

दो झगड़ती हुई चिड़िया
आ गिरीं ठीक मेरे सिर पर
और तभी होकर अलग
एक पेड़ पर जा बैठीं तो
मैंने देखा
पेड़ पर खिले हुए सफ़ेद फूल।

14.9.60

जैसे सब चल रहा है

जैसे सब चल रहा है
वैसे ही हम तुम सब
बिसर रहे हैं
ज़िंदगी की सड़क पर
नियम से ठीक बाँयी ओर
हाट-बजार
फिर घर की ओर।

—

१५.९.१९६०

जैसे सब चल रहा है

जैसे सब चल रहा है
वैसे ही हम तुम सब
घिसट रहे हैं
ज़िंदगी की सड़क पर
नियम से ठीक बाईं ओर
हाट-बाज़ार
फिर घर की ओर।

15.9.1960

बेहद खामोशी है

बेहद खामोशी है
कि यह वातावरण एक साथ बहरा, गूँगा
निश्चेष्ट, अपाहिज
न तो कोई आवाज़ होती है और
न तो कोई हरकत
लेकिन मैं गूँगा बहरा नहीं
इसीलिए अचानक ज़ोर से चिल्लाता हूँ
और एक झुंड चिड़िया भर्र से उड़ती है
हरकत होती है
पत्तियाँ हिलती हैं
कि कुछ अपाहिज नहीं।

—

१९६०

बेहद ख़ामोशी

बेहद ख़ामोशी
कि यह वातावरण एक साथ बहरा, गूँगा,
निश्चेष्ट, अपाहिज
न तो कोई आवाज़ होती है और
न तो कोई हरकत
लेकिन मैं गूँगा या बहरा नहीं
इसलिए अचानक ज़ोर से चिल्लाता हूँ
और एक झुंड चिड़िया भर्र से उड़ती हैं
हरक़त होती है
पत्तियाँ हिलती हैं
कि कुछ अपाहिज नहीं।

1960

नदी तुम इस किनारे हो

नदी तुम इस किनारे हो
या उस किनारे
इस पार हो या उस पार
~~या~~ या तुम केवल मँझधार ही हो!

सच में नदी प्यार में
तुम समझ में नहीं आती।

—

२८.८.१९६३
खारपा

नदी तुम इस किनारे हो

नदी तुम इस किनारे हो
या उस किनारे
इस पार हो या उस पार
या तुम केवल मँझधार ही हो!

सच में नदी प्यार में
तुम समझ में नहीं आती।

29.9.1963, खोरपा

उस रोज सूर्य

उस रोज ~~सूर्य~~ सुबह सूर्य निकला नहीं था
जिस रोज माथे में
बिंदी लगाना तुम भूल गयी थीं
पर उस रोज भी सुबह थी
कि तुम माथे में बिंदी लगा लेतीं
और सूर्य निकल आये।

—

५.१०.१९६३
अमनपुर

उस रोज़ सूर्य

उस रोज़ सुबह सूर्य निकला नहीं था
जिस रोज़ माथे में
बिंदी लगाना तुम भूल गई थीं
पर उस रोज़ भी सुबह थी
कि तुम माथे में बिंदी लगा लोगी
और सूर्य निकल आए।

4.10.1963, अभनपुर

मैं तो केवल

मैं तो केवल उदास हूँ
रोई कहाँ
हर कोई कहता है
कि तुम निष्ठुर हो
मैं फिर तुम्हारी राह देखूँगी—
यह उसने मुझसे कहा
जब मैं आया।

—

सितंबर ६३, रायपुर

मैं तो केवल

मैं तो केवल उदास हूँ
रोई कहाँ
हर कोई कहता रहा
कि तुम निष्ठुर हो
मैं फिर तुम्हारी राह देखूँगी—
यह उसने मुझसे कहा
जब मैं आया।

सितंबर 63, खोरपा

अचानक सूर्यास्त

अचानक सूर्यास्त हुआ
सूर्यमुखी एक खिले फूल का
चारों तरफ़ फैल गया अँधेरा
और उस अँधेरे में खिला
एक चाँद
जो सूरजमुखी फूल नहीं था।

—

अक्टूबर १९८३
जगदलपुर

अचानक सूर्यास्त

अचानक सूर्यास्त हुआ
सूर्यमुखी एक खिले फूल का
चारों तरफ़ फैल गया अँधेरा
और उस अँधेरे में खिला
एक चाँद
जो सूरजमुखी फूल नहीं था।

अक्टूबर 1963 , जगदलपुर

कल शाम नहीं हुई

कल शाम नहीं हुई
और रात हो गई
तुमने शाम को आने का
वादा किया और आये नहीं।

—

१४. अक्टूबर. १९६३
जगदलपुर

कल शाम नहीं हुई

कल शाम नहीं हुई
और रात हो गई
तुमने शाम को आने का
वादा किया
और आए नहीं।

14 अक्टूबर 1963, जगदलपुर

यह कहकर

यह कहकर कि परिस्थितियाँ
हमें अलग करेंगी
तुम खुद अलग हो गई
तुमने तो परिस्थितियों को
अलग करने का मौका ही नहीं दिया।
बरस बीत गये
कि परिस्थितियाँ हमें मिला देंगी के रास्ते पर
मैं खड़ा रहा।

—

१४ अक्टूबर १९६३
जगदलपुर

यह कहकर

यह कहकर कि परिस्थितियाँ
हमें अलग करेंगी
तुम ख़ुद अलग हो गईं
तुमने तो परिस्थितियों को
अलग करने का मौक़ा ही नहीं दिया।

बरस बीत गए
कि परिस्थितियाँ हमें मिला देंगी के रस्ते पर
मैं खड़ा रहा।

14 अक्टूबर 1963, जगदलपुर

उगता सूरज

उगता सूरज
और ओर-छोर उजाले में उगते मकान
उगतीं झोपड़ियाँ
उगते से पहाड़
उगते से जंगल
उबकता सा वातावरण।
बिलकुल अभी नदी बह गई
नदी में मछलियाँ तैर गईं
अभी एक तालाब भर गया
और तालाब में कमल खिल गये।

—

अक्टूबर ६३
जगदलपुर

उगता सूरज

उगता सूरज
और धीरे-धीरे उजाले में उगते मकान
उगती झोपड़ियाँ
उगने से पहाड़
उगने से जंगल
उबकता-सा वातावरण
बिल्कुल अभी एक नदी बह गई
नदी में मछलियाँ तैर गईं
अभी एक तालाब भर गया
और तालाब में कमल खिल गए।

अक्टूबर 63 , जगदलपुर

कोयले की रात

सिर की खोखली दीवालों पर
दिन की जंग लगी पुरानी छत
छत के ऊपर छाया है
नीम का जला हुआ काला पेड़ —
कोयले की जड़
कोयले की पींड़
कोयले की डाल
कोयले की पत्तियाँ
और कोयले के फूलों से
जली हुई खुशबू सा
कड़वा धुआं
फिर पेड़ की फुनगी पर
अंधेरी बैठी ताक लगाये
कोयले की रात, आज
मौका पाकर कविता सोचते समय
सिर में
सेंध लगाकर घुस आई।

—

सन् १९६०-६१

कोयले की रात

सिर की खोखली दीवालों पर
टिन की ज़ंग लगी पुरानी छत
छत के ऊपर छाया है
नीम का जला हुआ काला पेड़—
कोयले की जड़
कोयले की पींड़
कोयले की डाल
कोयले की पत्तियाँ
और कोयले के फूलों से
जली हुई ख़ुशबू-सा
कड़ुवा धुआँ
फिर पेड़ की फुनगी पर
ऊँघती बैठी ताक लगाए
कोयले की रात, आज
मौक़ा पाकर कविता सोचते समय
सिर में
सेंध लगाकर घुस आई।

सन् 1960-61

रईसों के चेहरे पर

रईसों के चेहरे पर
उठी हुई ऊँची नाक
और कीमती सेंट!!

खुश-बू मैं नहीं जानता
दुःख जानता हूं।

—

अक्टूबर १९६०

रईसों के चेहरे पर

रईसों के चेहरे पर
उठी हुई ऊँची नाक
और कीमती सेंट!

ख़ुश-बू मैं नहीं जानता
दु:ख जानता हूँ।

अक्टूबर 1960

ऑफ़िस के लंबे-चौड़े टेबिल पर

ऑफ़िस के लंबे-चौड़े टेबिल पर
मेरी एक छोटी-सी रीढ़ की हड्डी
रखी हुई है।

मैं लुंजपुंज टेबिल पर झुका हूँ
चाहता हूँ अपनी रीढ़ की हड्डी को खींचूँ
खींच-खींचकर
टेबिल पर फैला दूँ—
एक कोने से दूसरे कोने तक
लेकिन यह सब कुछ होता नहीं है
और मैं थक जाता हूँ।

फिर ऑफ़िस की बड़ी टेबिल देखता हूँ
और अपनी रीढ़ की हड्डी
जो बिल्कुल छोटी और पतली है
तभी चौंक उठता हूँ कि मेरी रीढ़ की हड्डी

सामने रखी
एक फ़ोल्डिंग कुर्सी की पीठ पर
जाकर चिपक गई
(कुर्सी जिस पर मैं बैठता हूँ)
और कुर्सी की पीठ तन गई
तनती गई इतनी तनी
कि ऑफ़िस की छत पर जा लगी
फिर छत को फोड़कर
काले फैले आसमान पर
(जो एक लंबे-चौड़े टेबिल की तरह है)
यह सब देख कर मैं डर गया हूँ
कि हाय! बॉस तो मार डालेगा
पर आस-पास तो सभी व्यस्त हैं
(शायद अपनी-अपनी रीढ़ की हड्डियों में)
इसलिए आश्वस्त हूँ।

पर अब शाम की फ़िक्र भी तो होने लगी है
कि तारे निकलें
और मैं कुर्सी की तनी पीठ पर
चढ़कर ख़ूब से तारे तोड़ूँ
घर लौटकर अपनी नवविवाहिता पत्नी के
फैले आँचल में उन सभी तारों को उड़ेल दूँ—
मैंने वादा किया था
(शादी के पहले)।

20.9.1960

मेरी फटी-पुरानी

मेरी फटी-पुरानी मच्छरदानी के अंदर
एक मच्छर घुस आया है
चुपचाप है
शायद गूँगा है
मैंने फटी जगहों में गाँठ बाँध दिए हैं
(कि वह मच्छर भागने न पाए)
तो मैं इसे अभी नहीं मारूँगा
यह तो सुबह उठकर देखूँगा
कि मेरे ख़ून में कितनी ताक़त है
(इस काले अँधेरे में डर गया हूँ
कि वह मच्छर ही है या और भी कुछ)
लेकिन सुबह उठूँगा कैसे
मेरे पास कोई बाँग देने वाला नहीं
कोई मुर्ग़ा पालतू भी नहीं
और यह गूँगा मच्छर भी तो
मेरा ख़ून चूस लेगा

इसलिए सोचा
कि वह मच्छर अभी मसल दूँ
अँधेरा इतना बढ़ गया है
कि मच्छर देख नहीं पाता
लेकिन अपने चारों और के अँधेरे में
महसूस करता हूँ
कि वह गूँगा मच्छर
मेरा ख़ून चूसकर बढ़ रहा है
बढ़कर एक बड़ा
काला मुर्ग़ा हो गया है
मेरा ख़ून चूसकर मेरा पालतू मुर्ग़ा
पर हाय! वह भी गूँगा
अब बाँग कैसे देगा?
अब तो सोच-सोचकर पछता रहा हूँ
कि मेरे ख़ून में इतनी ताक़त होती
जिसे चूसकर
वह गूँगा मच्छर
एक पालतू मुर्ग़ी होता
कितना अच्छा होता
कि मुर्ग़ी बाँग भी देती
और अंडे भी
कुछ खाता और कुछ बेचकर
मच्छरदानी ही सिलवा लेता
(किंतु चिंता आजकल
इतनी उपजाऊ कहाँ होती है)!

23.8.1960